CHARLES MONSELET

LES CRÉANCIERS

ŒUVRE DE VENGEANCE

AVEC

UNE CRUELLE EAU-FORTE D'ÉMILE BÉNASSIT

(Quelques exemplaires tirés sur papier timbré)

PARIS

A LA SALLE DES PAS-PERDUS

ET

CHEZ RENÉ PINCEBOURDE, ÉDITEUR

14, RUE DE BEAUNE, 14

Près du quai Voltaire

1870

Ce livre n'a pas été mis dans le commerce, il a été publié par souscription & tiré seulement à 225 exemplaires, numérotés à la presse :

25 exemplaires sur papier timbré à 1 fr. la feuille, à. . 20 fr.
20 — — de chine, à. . . . . 15 fr.
80 — — vergé de Hollande, 1ᵉʳ choix, à 10 fr.
100 — — vélin teinté, à. . . . . . . 5 fr.

Nᵒ 154

PARIS. — J. CLAYE, IMPRIMEUR, 7, RUE SAINT-BENOÎT. — [902]

CHARLES MONSELET

LES CRÉANCIERS

ŒUVRE DE VENGEANCE

AVEC

UNE CRUELLE EAU-FORTE D'ÉMILE BENASSIT

(Quelques exemplaires tirés sur papier timbré)

PARIS

A LA SALLE DES PAS-PERDUS

ET

CHEZ RENÉ PINCEBOURDE, ÉDITEUR

14, RUE DE BEAUNE, 14

Près du quai Voltaire.

1870

———

Nous avons réuni dans l'œuvre de M. Charles Monselet tout ce qu'il y a de relatif aux Créanciers (prose et vers). Depuis longtemps déjà, nous avions remarqué en l'humouristique écrivain cette insistance à propos d'une classe de gens dont il appartenait à lui seul de définir le rôle violent et trop souvent injuste.

Nous croyons répondre au désir d'un certain nombre de bibliophiles et de curieux, qui sont surtout nos amis et nos clients, en rééditant, à un nombre très-restreint d'exemplaires et dans des conditions tout à fait spéciales, la Ballade du Créancier, les Nouveaux Djinns et le Sonnet du renouvellement (ces deux derniers morceaux extraits d'un recueil satirique célèbre en Belgique). L'auteur y a ajouté une nouvelle des plus amusantes : Une Mauvaise Paye, non encore parue en volume.

RENÉ PINCEBOURDE.

LES

CRÉANCIERS

LA

BALLADE DU CRÉANCIER

— Toc! toc! toc!

On frappe chez moi à neuf heures du matin. Pourquoi frappe-t-on lorsqu'il y a une sonnette? J'ai recommandé à mes amis de se nommer et à Hélène de gratter; mais je n'ai dit à personne de heurter. Celui qui heurte en ce moment est donc un malin, et je dois me méfier de lui. Ne bougeons pas.

— Toc! toc! toc!

Oui, frappe, je te le conseille. Frappe, ma résolution est prise. Après tout, ce bruit n'est pas plus désagréable que celui du piano, on peut s'y accoutumer. Si tu as la persévérance, j'aurai la force. Je te reconnais d'ailleurs, quoique je ne te voie pas. Tu es maigre, tu as sous le bras un paquet enveloppé de percaline noire, — tu es le créancier.

— Toc! toc! toc!

Tu es le créancier; ne le nie pas. Tu es l'homme sans prudence qui m'a fait crédit, le corrupteur de ma pauvreté. C'était un piége que tu me tendais en m'accordant *du temps* pour te payer; tu voulais faire de moi ta victime de tous les jours et de toutes les heures. J'ai pénétré ton plan, et je m'en venge aujourd'hui. Je ne t'ouvrirai pas.

Je ne t'ouvrirai pas, parce que tu es triste,

et que j'ai bien assez de ma tristesse, à moi,
sans m'embarrasser encore de la tienne. —
Ah! si tu ressemblais à **M.** Dimanche, si
tu avais un bel habit, un gros ventre, une
figure rubiconde et, à la main, une canne à
pomme dorée, je n'éprouverais aucun déplai-
sir à te recevoir chez moi. Mais tu n'as rien
de l'épanouissement de **M.** Dimanche; tu
es le créancier du xixe siècle. Tu n'es pas
même bête.

Je ne t'ouvrirai pas, parce que tu m'at-
tendrirais peut-être, et que, si je m'attendris-
sais, je te payerais, — ce qui serait absurde
de ma part, en ce moment. Tu me dirais les
difficultés de ton négoce, ta fin du mois embar-
rassée. Je suis compatissant, je me connais.
Tu n'aurais qu'à pleurer, je serais perdu. Et
le pauvre petit argent, fruit de mon travail,
que je réserve pour une partie de plaisir, cet
argent qui doit me rendre le courage et la
verve, passerait insensiblement de mes mains
dans les tiennes. Je ne t'ouvrirai pas.

— Toc! toc! toc!

Non, tais-toi. Je n'y suis pas, je n'y veux pas être, car, si, par malheur, essayant d'un autre système, tu cherchais à faire l'insolent, je ne répondrais pas des effets de mon courroux. Allons, laisse-moi tranquille. Je ne veux pas t'ouvrir, pour te chasser cinq minutes après. Car je te chasserais, crois-le, à la première parole malséante. Voyons, va-t'en, sois raisonnable. Tu reviendras demain. Ah!

— Toc! toc! toc!

Est-ce par la lassitude que tu espères venir à bout de moi? Insensé! tu ne me connais guère. Autrefois, c'est vrai, on me vit trembler, lors de ma première dette, autant que lors de mon premier rendez-vous; mais le temps a marché depuis. Fantôme orgueilleux, je t'ai mesuré; tu ne me fais plus peur. J'ai défini sagement ma situation et la tienne. Deux personnes étant données, un créancier et un débiteur, il y aurait un pléonasme moral à ce que toutes les deux s'inquiétassent pour le même motif. Je te laisse l'inquiétude. Frappe ; je t'écoute. Tu n'es qu'un créancier d'argile ; je suis un débiteur de bronze.

Tiens, tu frappes mal ; tu n'arrives qu'à un effet de monotonie qui trahit tes intentions. Quel doigté misérable ! Un jour que je serai de bonne humeur, je veux te donner une leçon. Tu verras.

— Toc ! toc ! toc !

Mais enfin, à quoi cela t'avancerait-il d'être remboursé ? qu'y gagnerais-tu ? As-tu réfléchi à tous les ravages, à tous les accidents dont une *rentrée* imprévue peut devenir la cause ? comptant à peine sur cet argent, est-il certain que tu l'appliquerais tout entier

à ton commerce? ne le dépenserais-tu pas
plutôt dans une orgie? Tu n'es pas seulement un créancier, tu es un homme; tu
possèdes des passions, des vices. L'occasion
vient toujours au-devant de ceux qui ont
les poches pleines. Tu dissiperais *mon argent,*
quelque chose me le dit. Envisage, à présent
que tu es de sang-froid, les conséquences de
la débauche: on ne sait pas souvent en
quelle compagnie on se trouve, et une rixe
est bien vite survenue. Vois-tu d'ici ton
avenir perdu, ton honorabilité entamée? Si
on allait te crever un œil ou te casser une
jambe! Ce serait horrible. Il ne faut pas
que tu coures de semblables périls, j'en aurais trop de remords. Je ne te payerai pas.

Je ne te payerai pas; car, au fond, j'ai
de l'affection pour toi. Tu n'as pas d'esprit,
point de bonté; mais c'est ton opiniâtreté
qui me charme. (Toc! toc! oui, je t'entends.)
Je veux te suivre dans la vie, — te suivre
de loin, bien entendu. Or, si je te payais,

je ne te reverrais plus. Je rentrerais à tes
yeux dans la foule des personnes qui te sont
indifférentes; il y aurait une barre sur mon
nom dans ton souvenir comme dans tes livres.

Je ne te payerai pas; car je prétends, non-
seulement te suivre, mais surtout être suivi
par toi en ce monde. Je touche à cette période critique où tout fléchit sous les pas de
l'homme, où l'amour s'envole, où l'ambition
s'évanouit, où le cheveu tombe, où le rhu-
matisme s'éveille. De tous ceux que j'aimais,
combien déjà sont partis, hélas! Encore quelques années, et il ne restera plus personne
autour de moi, — excepté le créancier.

— Toc! toc! toc!

Merci, ami; tu es là, tu veilles; c'est
bien. Tu poursuivras ta mission jusqu'au
bout, j'en suis sûr; tu ne me perdras jamais
de vue, toi, parce que je te dois trop. Tu
remplaceras ma famille; continuellement il

y aura quelqu'un qui s'informera de ma
santé, de mes succès ou de mes revers. Si le
spectre désolant du suicide vient me tenter,
avec quel zèle tu l'écarteras de mon chevet!
Le jour où j'aurai résolu de me précipiter
par-dessus le pont Neuf, je suis sûr de me
sentir retenu par une main vigoureuse, — et
cette main sera la tienne, ô créancier que je
ne payerai pas!

Non, je ne te payerai pas; et alors qui
est-ce qui peut prévoir où s'arrêtera ton dé-
vouement, Pylade malgré toi, P'méjà par
force? Peut-être mendieras-tu pour moi, au
coin des carrefours, comme l'esclave du
Camoëns. Peut-être, la tête couverte d'un
voile épais, te hasarderas-tu jusqu'à chanter
sur les places publiques, bien que tu possèdes la voix la plus discordante du monde;
mais ton action n'en sera que plus sublime,
et il se trouvera sans nul doute des poëtes
et des musiciens pour composer à ce propos
un opéra intitulé : *le Créancier voilé*.

Non, je ne te payerai pas! car je veux, lorsque j'aurai cessé de vivre, que tu suives mon convoi, seul peut-être, le front nu, l'œil inquiet comme toujours, en te disant :

— Il m'aura porté sur son testament, c'est indubitable; il laisse quelque chose, c'est certain; je serai payé, c'est clair.

Et, si tu n'es pas payé, même après ma mort, eh bien! tu seras encore le seul à regretter que je n'aie pas vécu plus longtemps!

SONNET [1]

Un tailleur me pressait pour un billet échu.
Je n'avais pas les fonds. Grande était ma torture !
Un long voile timbré planait sur la nature,
Et dans l'opinion je me voyais déchu.

Vers mon seuil s'avançait l'huissier au pied fourchu.
Mon concierge froissé me donnait tablature.
Or, n'aimant pas à voir traîner ma signature,
Afin qu'il m'obligeât, j'allai chez Barbanchu.

Ce Barbanchu jadis était assez bon diable ;
Je l'avais vu pas plus haut que cela, vraiment.
Il n'était pas chez lui ; ce n'était pas tenable !

Je rêvais je ne sais quel fatal dénouement.....
Enfin, pour terminer ce drame à l'amiable,
Je fis à mon tailleur un renouvellement.

1. Accompagnée au piano, la lecture de cette pièce a toujours produit un effet saisissant.

UNE MAUVAISE PAYE

I

Le tailleur Bilderbeck se fait hardiment annoncer, à six heures du soir, chez son client Raymond, au moment où celui-ci achève sa toilette pour aller dîner.

— Ah! c'est vous, monsieur Bilderbeck?

— Comme vous voyez, monsieur Raymond...

— Tiens! on vous a laissé entrer!

Le tailleur réprime une grimace et répond à cette remarque désobligeante par les mots suivants, accompagnés d'un sourire malin:

— Oh! j'ai pris un prétexte!

— Bah !

— J'ai dit à votre domestique que je vous apportais un vêtement.

— Tant d'astuce, monsieur Bilderbeck !

Et, se tournant à demi vers lui :

— Voilà donc pourquoi la plupart des tailleurs ont toujours un paquet sous le bras ?

— Précisément, monsieur Raymond.

— Eh bien ! mon cher, profitez de votre stratagème comme vous l'entendrez. Asseyez-vous ou restez debout, prenez un cigare sur la cheminée, faites sauter les bandes de mes journaux. Mais permettez-moi de continuer ma toilette devant vous. Vous êtes un homme.

— Ne vous gênez donc pas, monsieur Raymond ! Moi-même je suis un peu pressé. J'étais venu pour ma facture.....

— Cela se voit bien. Vous êtes incapable de venir chez moi mû par un sentiment désintéressé.

— Je ne l'oserais pas.

— Des mots, monsieur Bilderbeck !

— C'est le désespoir, réplique le tailleur. Figurez-vous que, depuis midi, je suis sorti de chez moi dans l'intention de réaliser quelques fonds parmi ma clientèle...

— Et vous avez fait chou-blanc, dit Raymond.

— Hélas !

— Même avec votre paquet sous le bras ?

— Ne vous moquez pas, monsieur Raymond. J'ai mis en vous mon dernier espoir.

— Après tout le monde... ce n'est pas gentil, monsieur Bilderbeck. Donnez-moi votre note.

— Je vous l'ai déjà donnée une douzaine de fois, vous le savez. C'est 3203 fr., sans les intérêts.

— Alors, vous n'avez pas votre note !

— Si fait ! si fait ! s'écrie le tailleur en surprenant le geste de Raymond ; j'en ai toujours sur moi un double... plusieurs doubles... La voici !

— C'est bien. Posez-la sur ce plateau
marocain. Je la ferai examiner.

— Examiner ! Mais vous l'avez maintes
fois examinée et consentie.

—Ah! c'est qu'à présent j'ai un intendant.
C'est bien différent. Il faut que tout lui
passe par les mains. Oui, monsieur Bilderbeck, un intendant. J'ai régularisé ma vie.
Je ne suis plus l'écervelé, le dissipateur que
vous avez pu connaître. J'ai acheté une conduite, comme on dit.

— Remettez-moi au moins un à-compte.
J'attendrai encore pour le reste.

— Impossible sans le visa de mon intendant.

— Voyons, trois cents francs... deux cents
francs, là !... Il y a assez longtemps que je
patiente ; j'y ai mis toute la bonne volonté
imaginable.

Raymond ne l'écoute pas ; il essaye des cra-
vates.

— Cent francs... je me contenterai de

cent francs aujourd'hui, reprend le tailleur.

— Fantaisiste !

— Je vais vous signer un reçu.

— M. Bilderbeck, vous m'affligez réelle-
ment. Je vous répète que vos instances sont
inutiles.

Le tailleur s'affaisse sur un canapé en gé-
missant.

— Je ne peux cependant pas revenir
comme je suis parti, murmure-t-il ; que
penserait madame?

— Vous dites? fait Raymond.

— Je dis : que penserait madame?

— Ah! oui, *votre femme...* Pourquoi
l'avoir accoutumée à penser? Mauvaise habitude dans un ménage!

— Elle ne doit plus m'attendre pour dîner.
Dejà six heures et demie! Et moi qui de-
meure boulevard du Prince-Eugène! je
trouverai tout froid.

— Eh bien! dînez avec moi, mon cher
monsieur Bilderbeck.

— Oh! monsieur Raymond, vous plaisan-
tez!

— Non, non..... je n'aime pas à dîner
seul..... Nous irons au restaurant.

— En vérité, c'est trop d'honneur que
vous me faites... les convenances me défen-
dent d'accepter.

— Laissez-moi donc tranquille avec vos
convenances!

— Mais la compagnie d'un simple tailleur...

— Vous ne vous rendez pas justice, Bilderbeck. A défaut d'éducation, vous avez de
solides qualités, comme tous les enfants de
la forte Allemagne, du jugement, de l'ac-
quis...

— Oh! de l'acquit! si peu!

— Ravissant! Ce sera le plus joli mot de
la soirée... Allons, c'est convenu. Nous fe-
rons un petit dîner délicieux. Vous avez
beaucoup vu, vous devez savoir sur vos clients
toutes sortes d'histoires plus piquantes les
unes que les autres.

— J'avoue que, pour des histoires...

— Etes-vous prêt? demande Raymond.

— Ma tenue n'est peut-être pas irréprochable...

— Votre tenue est celle de l'honnête homme. En marche!

Sur le seuil de l'appartement, le tailleur hésite une dernière fois.

— Tenez, monsieur Raymond, dit-il, je préférerais un à compte de cinquante francs.

— Allons dîner! répond la mauvaise paye.

II

Avant dîner, comme on est dans les plus beaux jours de l'été, le ciel étant bleu et l'air étant tiède, Raymond propose une courte apparition aux Champs-Élysées, en grande remise découverte.

Nouvel accès de confusion du tailleur Bilderbeck.

Enfin, on roule dans la grande allée ; mais la conversation n'a pas d'abord tout le petillement annoncé. Elle se compose de phrases dans le goût suivant :

— Bilderbeck, vous devez avoir bien des non-valeurs dans votre profession?

— Oh! ne m'en parlez pas, monsieur Raymond! Vous ne pouvez pas vous en faire une idée...

De temps en temps aussi, le tailleur désigne à Raymond avec un soupir quelques-uns des piétons ou des cavaliers, en accompagnant leurs noms du chiffre de leurs créances.

— M. Ernest, deux mille cinq cents... le comte Fleuret, deux mille... les frères Della Barca, huit mille.

Tout cela ne porte pas à la gaieté ; Raymond le comprend et fait tourner bride. On se dirige vers Brébant.

Les voilà tous deux attablés dans la salle du premier étage.

— Aimez-vous la bisque, Bilderbeck ?

— Oui... non...

— Peut-être préférez-vous commencer par une tartine de caviar ?

— Cela m'est égal, monsieur Raymond.

— J'avais compté sur votre imagination, sur vos connaissances culinaires... De quel pays êtes-vous, Bilderbeck ?

— Du duché de Luxembourg ?

— Eh bien ! qu'est-ce qu'on mange dans le duché de Luxembourg ?

— Du mouton aux prunes.

— Ils ne connaissent peut-être pas cela ici. Je vais tout simplement faire dire à Brébant de se charger de notre menu.... Par exemple, je me réserve le choix des vins... Vous devez être un beau gobelet, Bilderbeck !

Le tailleur rit avec complaisance.

— Et qu'est-ce qu'on boit dans le duché de Luxembourg ?

— Du Deidesheiner et du Niersteiner.

— Nous les remplacerons aujourd'hui par l'Yquem des grandes années.

— Oh! monsieur Raymond! Si j'avais su, je n'aurais pas accepté votre invitation...

Le dîner est soigné. Poissons d'élite, entrées savantes, rôtis exquis. Chaque plat détermine chez le tailleur un soubresaut en manière d'admiration. Il perd insensiblement de sa gêne. Ses yeux brillent, autant que peuvent briller des yeux d'Allemand. On s'est mis à table à sept heures et demie; il en est dix lorsqu'on se décide à quitter le restaurant.

Auparavant Raymond a demandé l'addition. Il la dissimule du mieux qu'il peut aux regards de Bilderbeck, mais celui-ci le voit donner un billet de banque au garçon et l'entend prononcer ces paroles :

— Gardez le reste!

Le tailleur Bilderbeck porte la main à son cœur, comme s'il venait d'y recevoir un coup.

III

— Adieu, monsieur Raymond.

Ils sont sur le trottoir du boulevard.

— Comment, vous me lâchez, Bilderbeck ? Vous êtes encore un joli seigneur, vous!

— Monsieur Raymond, dit le tailleur de sa voix la plus grave, je suis pénétré de l'honneur que vous m'avez fait; j'en conserverai le souvenir jusque dans ma plus extrême vieillesse..... Pourtant, j'aurais préféré, ainsi que je vous l'ai déjà dit, un à-compte, si faible qu'il fût...

— Monomane!

— Eh bien! oui, nous autres hommes de commerce, nous avons de ces idées fixes..... Monsieur Raymond, ne me laissez pas rentrer les mains vides !

— Savez-vous à quoi je pense en ce moment, mon cher Bilderbeck ?

— A me donner.....

— A finir avec vous la soirée au théâtre de la Porte-Saint-Martin, où l'on joue une pièce *à sensation*.

— Vous n'y pensez pas! il est beaucoup trop tard.

— Nous arriverons juste pour l'heure du ballet. Ah! quel ballet! Figurez-vous, mon cher, trois cents jeunes et jolies filles.

— Oh! trois cents! fait le tailleur incrédule.

— Mettons-en la moitié.

— Il m'est impossible, à mon grand regret, de vous accompagner. Mais vous savez que je n'ai pas prévenu chez moi, et que *madame* m'attend.

— *Votre femme!* Eh bien! vous serez chez vous à minuit. Une heure de plus ou de moins!

— C'est que madame Bilderbeck n'entend pas raison sur les écarts.

— N'allez-vous pas essayer de vous faire

passer pour un petit garçon? — Tenez, encore quelques pas, et nous voilà rendus. Je veux vraiment avoir votre avis sur ce ballet.

— Au moins, dit le tailleur ébranlé, vous êtes sûr que cela finit à minuit!

— Parbleu! la direction ne voudrait pas être frappée d'une amende tout exprès pour vous.

— Nous trouverons peut-être à acheter deux contremarques.

— Fi donc! mon cher Bilderbeck, vous êtes mon hôte ce soir; je sais les égards que je dois à un fournisseur tel que vous.

Disant cela, Raymond se dirige vers le guichet du théâtre.

— Il ne reste plus qu'une avant-scène des premières, répond la buraliste interrogée.

— Combien?

— Quarante-quatre francs.

— Arrêtez! s'écrie le tailleur; arrêtez! Je ne souffrirai pas... ce serait une folie...

J'aime mieux renoncer au théâtre... Donnez-moi vingt francs, et je m'en vais !

Mais Raymond est déjà possesseur du billet d'avant-scène.

— Entrons, dit-il.

Bilderbeck le suit, en murmurant d'un ton suppliant :

— Vingt francs ! rien que vingt francs !

— Non.

— Mais puisque vous avez de l'argent?

— Ce n'est pas une raison, répond la mauvaise paye.

IV

Ils se prélassent dans une spacieuse avantscène, et se repassent une énorme lorgnette louée à l'ouvreuse.

Le ballet est commencé depuis longtemps.

— Bilderbeck, que pensez- vous de cette petite danseuse?

— Laquelle?

— La seconde, de ce côté-ci... celle qui lève...

— Le bras?

— Non, la jambe.

— Prêtez-moi la lorgnette, fait le tailleur; n'est-ce pas une blonde, avec des ailes de papillon?

— Justement. Comment la trouvez-vous?

— Oh!... Oh!...

— L'énergie de vos onomatopées est une réponse suffisante, mon cher Bilderbeck. Vous plaît-il alors qu'après le spectacle nous l'invitions à sucer quelques écrevisses et à tremper le bout de son museau rose dans une coupe de champagne?

— Qui? demande Bilderbeck, haletant.

— Elle, parbleu! Esbrouffette, la petite blonde.

— Elle s'appelle Esbrouffette... Ah! le joli nom!... Et vous croyez qu'elle consentirait comme cela...

— Si je le crois! J'en suis certain... Rendez-moi la lorgnette.

— En vérité, observe le tailleur Bilderbeck, ces actrices forment une corporation bien séduisante.

— Eh bien! laissez-vous séduire.

— Taisez-vous, monsieur Raymond! Si l'on vous entendait!

— Je viens de faire un signe à Esbrouffette... elle m'a compris.

— Bah!

— Oui, nous avons notre télégraphie particulière.

— C'est merveilleux! s'écrie le tailleur. Mais voilà bien longtemps que vous avez la lorgnette... **A** mon tour!

.   .   .   .

V

Il est trois heures du matin.

Un fiacre essoufflé suit péniblement l'interminable boulevard du Prince-Eugène, transportant dans ses flancs Raymond et le tailleur Bilderbeck.

Je dois à la vérité de déclarer que celui-ci semble considérablement abattu. Il cache sa tête dans ses mains et pousse par intervalles de petits soupirs dont l'expression participe à la fois du ravissement et du remords. D'ailleurs, c'est à peine si Raymond peut tirer de lui quelques paroles.

— Diable de boulevard ! maugrée Raymond ; il n'en finit pas... Mais, Bilderbeck, vous demeurez au bout du monde, aux terres australes... Ne vous trompez-vous pas, mon bon ? est-ce bien le numéro 20 ?

Le tailleur ne répond pas. Raymond le secoue par le bras.

— Esbrouffette ! murmure le tailleur.

— Laissez-là Esbrouffette, et dites-moi si c'est bien au numéro 20 que vous demeurez.

— Qui, 20?... non, 2... oui, 20... 20...

Raymond hausse les épaules et laisse le fiacre continuer sa route.

Au bout d'une demi-heure, on aperçoit la barrière du Trône.

Le cocher arrête.

— Allons, Bilderbeck, descendez, dit Raymond ; nous sommes arrivés.

Bilderbeck descend, et regarde autour de lui.

— Ce n'est pas ici, fait-il.

— Comment ! ce n'est pas ici? Voilà le numéro 20.

— 20? Connais pas... je vous ai dit 220... Est-ce que vous me croyez assez fou pour être venu me loger à cette distance?

Raymond est atterré. Le cocher, dont l'écurie est située à Saint-Mandé, jure qu'il ne retournera point sur ses pas, à moins d'un pourboire d'un louis, — que Raymond est forcé de lui promettre.

Le tailleur, que ces événements semblent

ne point concerner, remonte tranquillement en voiture.

Cependant le sens moral lui revient peu à peu. Près d'arriver chez lui, au 220 cette fois, il s'excuse auprès de Raymond.

— C'est égal, lui dit-il, cette soirée a dû vous coûter assez cher ?

— Deux cents francs environ, répond Raymond négligemment.

— Ah ! si seulement vous m'aviez donné vingt francs ! soupire le tailleur.

— Où aurait été le charme ? dit la mauvaise paye.

LES NOUVEAUX DJINNS

Mabille !
J'en sors,
Tranquille
De corps.
Je sonne :
Ma bonne
Raisonne...
Je dors.

Quelqu'un grogne ;
C'est, croit-on,
Un ivrogne
De planton.
C'est la plainte
Presque éteinte

De l'absinthe,
— Un feston!

La voix moins frèle
Semble un galop;
Dans ma cervelle
Ai-je un grelot?
Ainsi s'élance
Et recommence
Une romance
Dans un goulot.

La rumeur approche;
L'écho la redit :
Est-ce **Rigolboche**
Que l'on applaudit?
Est-ce sous un porche
(Sax tenant la torche)
Wagner qu'on écorche
Avec du Verdi?

Dieux? la horde grimpante
Des créanciers! — Quel trac!
Fuyons dans la soupente
Où je mets mon cognac!

Leur fourberie insigne
A forcé la consigne
Chez mon concierge indigne. —
Ah! portier de Jarnac!

Ciel! la porte et la fenêtre
Ont cédé sous leur effort,
Et le premier qui pénètre
Cherche en vain mon coffre-fort.
Avant que je la verrouille,
Dans l'armoire à glace il fouille,
Pour découvrir la grenouille
Dont jamais le chant ne sort.

Le bottier dit : — Rends-moi mes bottes!
Le tailleur dit : — Rends-moi mon frac!
Tous répètent : — Voici nos notes!
Tous demandent : — As-tu le sac?
Seul, dans son farouche délire,
Le traiteur, étouffant son ire :
— C'est pourtant moi, semble-t-il dire,
Qui l'ai fait gros comme Balzac!

Pendant ce chœur, saisissant mes lunettes,
Qui reposaient à côté de mon lit,

Je reconnais leurs atroces binettes :
Un créancier ne fut jamais joli.
Deux créanciers forment un couple blême ;
Trois créanciers sont la laideur extrème ;
Mais cinq, mais dix, mais vingt, — c'est l'enfer même !
Or, j'écoutais leur langage impoli :

— Oui, c'est un libertin ! — Sa conduite est infâme !
— Il refuse sa porte et se lève à midi !
— Il court les Casinos ! — Il a plus d'une femme !
— Monsieur fait pince-nez ! Monsieur joue au dandy !
— Il rit de nos sueurs et n'en prend qu'à ses aises !
— Il faut à son dîner de l'aï sur les fraises !
— Au café du Helder, je l'ai vu, sur deux chaises,
Écorchant une glace à l'air du soir tiédi.

Je suis né bon, j'ai la mansuétude,
Et volontiers je me laisse raser.
De ces refrains, d'ailleurs, j'ai l'habitude ;
Rien ne saurait plus me mécaniser[1]*.*
Mais cependant, flairant l'impertinence
De ces butors enivrés de finance,

---

[1]. Mécaniser, raser, expressions parisiennes qui attendent un tour
d'entrée à la porte du Dictionnaire de l'Académie.

Je secouai le joug de ma créance :
Sur mon séant on me vit me poser.

— Qui m'a fait ces polichinelles !
M'écriai-je, en sentant monter
Un litre rouge à mes prunelles
Que le courroux vint dilater.
Est-ce donc ici la coutume
D'entrer, à l'heure où l'on s'enrhume,
Chez les modestes gens de plume,
Comme s'ils venaient d'hériter !

Alors, d'une voix qui tance,
Je dis à ce groupe amer :
— Remportez votre quittance !
Vous voyez ce révolver :
Le premier qui me tutoie,
Sous mon talon je le broie,
Et je le jette avec joie
Par-dessus mon belvéder.

Partis ! Brûlons du sucre,
Et dissipons ainsi
L'horrible odeur de lucre
Qu'ils ont laissée ici !

Ce n'est pas sain encore ;
Mais, quand luira l'aurore,
J'irai chercher du chlore.
Merci, mon Dieu! merci !

D'étranges syllabes
M'arrivent encor ;
Ces maudits Arabes,
D'un commun accord,
Ont, sur ma muraille
Que leur doigt éraille,
Mis ce mot qui raille :
« Contrainte par corps! »

Larves funèbres !
Laids pâtissiers !
Dans les ténèbres,
Mes créanciers
Me font comprendre
— Surcroît d'esclandre! —
Qu'ils vont se rendre
Chez les huissiers.

Moi, bon nègre,
Pas vouloir

Qu'homme maigre
Et tout noir
Expertise,
Verbalise,
Dévalise
Mon manoir.

Pas bête :
Demain
J'arrête
Un train
Et file
Pour Lille
Ou l'île
Saint-Ouen !

AUTRE TAILLEUR

Un trait inouï et sublime de probité domine l'existence de mon ami Corfou.

Cela devrait être raconté au bruit des harpes par un poëte coiffé d'or.

Il avait un tailleur, comme tout le monde, — et, comme tout le monde, il devait de l'argent à ce tailleur.

Le tailleur avait épuisé tous les modes de réclamations : il en était arrivé à la période exaspérée et aux visites quotidiennes.

Corfou, lui, se montrait imperturbablement exquis ; il avait toujours une parole d'espoir — et une chaise — à offrir à son créancier.

Un matin, pourtant, le drame fit explosion.

Le tailleur eut un mot de trop.

Corfou devint pâle ; il aurait pu aisément le jeter à la porte, mais il se contint.

Il boutonna sa redingote et prit son chapeau.

—Monsieur, dit-il, attendez-moi un instant ; je vais chercher votre argent et je vous le rapporte.

— Je vous suis, fit le tailleur.

— Non pas, reprit Corfou, l'injure a eu lieu ici ; c'est ici que doit avoir lieu la réparation. Vous allez m'attendre.

— Je préfère vous accompagner.

— Je n'ai pas besoin de vous. Restez.

—Mais, moi, j'ai affaire au dehors, murmura le tailleur commençant à s'inquiéter.

— Cela m'est bien égal.

— Monsieur !

—Vous ne sortirez pas d'ici que vous ne soyez payé ! s'écria Corfou.

D'un geste impérieux, clouant le tailleur
au plancher, il partit après l'avoir enfermé à
double tour.

Il était midi alors.

A quatre heures, Corfou n'était pas encore
rentré ; — il dépêchait vers son prisonnier
un commissionnaire chargé, non pas de le
rendre à la liberté, mais de lui faire passer
par-dessous la porte un billet ainsi conçu :

« Je n'ai recueilli que la moitié de la somme ; je vais me mettre en route pour le reste.
Vous trouverez de quoi manger dans le petit
buffet à côté de la fontaine. Il y a une moitié
de pâté, veau et jambon. A bientôt. »

Le tailleur écumait.

Pourtant, l'appât d'un remboursement
total l'empêchait de se livrer à aucun scan-
dale et d'appeler par la croisée. Il prit son
mal en patience.

A neuf heures du soir, nouveau commissionnaire de Corfou ; nouveau message par
dessous la porte.

« Mauvaises nouvelles ! La plupart de mes amis sont absents. Je vous écris de la Maison-d'or, où je viens de dîner pour m'étourdir. Tout à l'heure, j'irai tenter le jeu, afin de parfaire la somme qu'il vous faut. Voyez à quelles extrémités vous me poussez ! Couchez-vous, car je rentrerai peut-être tard. Mes draps sont blancs. »

Le tailleur faillit avoir une attaque d'apoplexie. Il tenta d'ébranler la porte ; il introduisit la pointe d'un couteau dans la serrure : inutile !

Sur ces entrefaites, un mauvais petit bout de bougie qu'il avait découvert à grand'peine s'éteignit et le laissa plongé dans de ridicules ténèbres.

Il se jeta tout habillé sur le lit.

... Le lendemain matin, il se sentit secoué au collet ; c'était Corfou qui rentrait.

— Dites donc, vous auriez bien pu quitter vos bottes, ce me semble !

Et, après avoir aligné devant le tailleur

plusieurs piles d'argent en échange de sa facture, il le guida vers son seuil, et il lui indiqua
— du bout du pied — l'escalier de service,
où, pendant quelques minutes, on entendit
dégringoler le créancier, avec le bruit d'un
chêne qui roulerait au fond d'un ravin.

FIN.

TABLE

Avis de l'Éditeur. v

La Ballade du Créancier. 1

Sonnet. 11

Une Mauvaise Paye. 13

Les Nouveaux Djinns. 33

Autre Tailleur. 41

PARIS. — J. CLAYE, IMPRIMEUR, 7, RUE SAINT-BENOIT. — |902|